5 4 3 2 1 99 98 97 96


Printed in Belgium
ISBN 3-7707-6376-9

Klaus Kordon

# *Der Adler Arkabar*

Mit Bildern von Julian Jusim

Ellermann Verlag

Hinter vielen hohen Bergen erstreckte sich einmal ein dichter, dunkler Wald.

Mitten im Wald lag ein tiefer See. Tagsüber war er sehr blau, nachts glänzte er tintenschwarz.

An dem See lebten nur ein paar Fischerfamilien.

Und da der See voll der verschiedensten Fische war, ging es ihnen nicht schlecht.

Zum Fischerdorf gehörte auch eine Schule. In die gingen nur zwölf Kinder.
So klein war das Dorf.
Der große Junge in der letzten Reihe wurde Grischa gerufen.
Das Mädchen am Tisch vor ihm hieß Tanja.
Grischa riß Tanja gern an den Zöpfen. Das ärgerte Tanja, und das ärgerte den Lehrer. Grischa tat das aber nur, weil er Tanja sehr mochte. Und Tanja schimpfte nur deshalb so laut, weil ihr Grischa auch gefiel.
Sogar auf dem Heimweg stritten die beiden miteinander.
Oft war Tanja dann sehr böse auf Grischa. Was war er nur für ein Holzklotz! Und Grischa dachte: Weshalb ist Tanja so eine Heuschrecke?

Das ging so, bis Tanja eines sonnigen Tages am See saß und angelte. Als Grischa kam, schrie er gleich: »Das ist mein Baum! Hier angle ich immer. Und überhaupt: Seit wann fischen denn Mädchen?«

Nur aus Langeweile hatte Tanja sich die Angel von ihrem großen Bruder geliehen. Doch jetzt ärgerte sie sich wieder über Grischa: Weshalb sollten Mädchen denn nicht angeln?
Grischa aber spottete: »Hast ja noch keinen einzigen Fisch gefangen! Badest nur die Würmer.« Und damit warf er seine Angel aus, und schon nach einer kleinen Weile zappelte ein großer Fisch am Haken. Gleich darauf noch einer. Und noch einer. Tanja konnte nur staunen. Als Grischa aber gerade einen prächtigen Hecht aus dem Wasser zog, kam von den Bergen her ein Adler über den See geflogen.

Tanja erschrak zutiefst. Einen solch riesigen Adler hatte sie noch nie zuvor gesehen. Und in den Bergen lebten doch viele Adler. Also mußte dieser da Arkabar sein, von dem die Fischer erzählten, daß er Lämmer, Kälber und Zicklein schlug.
Grischa erkannte Arkabar ebenfalls. Da er Tanja aber seine Furchtlosigkeit beweisen wollte, drohte er dem Riesenvogel frech mit der Angel: »Komm nur runter, Täubchen! Dann steck ich dich zu meinen Fischen in den Korb, und wir haben morgen mittag was zu knabbern.«
Als hätte Arkabar diese Worte verstanden, stieß er plötzlich auf den Jungen herab. Vor Angst schlug Grischa mit der Angel nach dem Adler. Der aber packte ihn mit seinen scharfen Krallen am Hemd - und stieg mit ihm in die Lüfte auf.

»Grischa! Grischa!« rief Tanja entsetzt. Und Grischa, schon hoch über dem See, schlug hilflos mit Armen und Beinen um sich und flehte laut: »Tanja, Tanjuscha! Rette mich.«

Wie aber konnte Tanja Grischa helfen? Lief sie ins Dorf, um die Fischer zusammenzutrommeln, wußte sie nicht, wo Arkabar mit Grischa hingeflogen war. Es gab ja so viele Adlerhorste in den Bergen rings um den See.

Nein! Wenn sie Grischa helfen wollte, mußte sie Arkabar folgen, damit sie sah, wo er ihn hintrug.

Währenddessen wehrte Grischa sich voll Verzweiflung gegen den gewaltigen Vogel, der in großer Höhe mit ihm durch die Lüfte flog. Irgendwann würde sein Hemd ja reißen - und dann fiel er vom Himmel herab auf die Erde nieder. Stürzte er jetzt ab, fiel er in den See. Das tat nicht weh, und wozu war er ein guter Schwimmer? Stürzte er in den Wald oder schlug auf einen Felsen auf, würde ihn das sein Leben kosten. In atemloser Hast lief Tanja durch den Wald.

Über Wurzeln und umgestürzte Bäume hinweg sprang sie, durch Buschwerk und hohe Gräser lief sie. Doch was war das? Jetzt waren auf einmal zwei große Punkte am Himmel zu sehen - einer fiel wie ein Stein auf die Erde herab, der andere folgte im Sturzflug.

»Tanja!« wollte Grischa wieder schreien. »Tanjuscha! So hilf mir doch.« Aber er brachte kein einziges Wort heraus. Der See lag nun schon weit zurück, unter ihm erhob sich ein mächtiger Berg.

Glücklicherweise fiel Grischa in eine hohe Tanne. Mehrere dichtverzweigte Äste federten seinen Sturz ab - und er landete sanft im weichen Moos. Kaum aber hob er den Kopf, war schon wieder Arkabar über ihm. »Flieg weg!« flehte Grischa den Vogel da weinend an. »Hab doch nur Spaß gemacht.«

Der riesige Adler aber verstand keinen Spaß. Wieder wollte er den Jungen packen. Da versuchte Grischa aufzustehen und wegzulaufen und knickte gleich wieder ein: Beim Sturz durch das Geäst der Tanne hatte er sich ganz böse das Bein gebrochen!
Also dachte Grischa, daß ihm nun nichts und niemand mehr helfen konnte. Und er verbarg schon schluchzend seinen Kopf in den Armen, als er auf einmal ganz laut Tanjas Stimme hörte. »Weg!« schrie das mutige Mädchen, das Grischa endlich erreicht hatte, ganz außer Atem den zornigen Adler an und stieß mit einem langen Ast nach ihm. »Weg, du Ungeheuer!«
Gleich begann Arkabar mit seinem mächtigen Schnabel nach dem Mädchen zu hacken. Zuerst wollte Tanja fortlaufen, dann aber faßte sie sich ein Herz und schrie einfach weiter. Doch jetzt waren es keine Wörter mehr, die Tanja dem riesigen Adler entgegenschleuderte. Jetzt klangen ihre Schreie, als kämen sie aus irgendeinem erdfernen Wesen oder unheimlichen Tier. Und da geschah das Unglaubliche: Arkabar erschrak - und flog davon.

Aus Furcht, der grimmige Adler könnte zu ihnen zurückkehren, schrie Tanja immer weiter - bis Arkabar schon lange nicht mehr zu sehen war. Dann versuchte sie Grischa aufzuhelfen. Der jedoch schämte sich dafür, daß Tanja mit dem Adler fertig geworden war und er nicht.
»Laß mich!« schimpfte er. »Kann allein gehen.«
Doch gerade das konnte er nicht. Weil er sich das Bein gebrochen hatte. Und weil ihm sein Bein sehr weh tat. Vor allem wenn er sich bewegte.
Wieder überlegte Tanja, ob sie im Dorf Hilfe holen sollte.
Wenn Arkabar aber nun wiederkam? Mit dem gebrochenen Bein konnte Grischa ja nicht davonlaufen. Außerdem würde es jetzt bald dunkel werden. Wie sollte sie die Leute aus dem Dorf in der finsteren Nacht zu ihm führen? Nachts sah ja jeder Baum, jeder Strauch wie der andere aus.
Nein! Zuallererst mußten sie sich vor Arkabar verstecken - und danach die Nacht über im Wald bleiben!

Also packte Tanja den nur noch zaghaft widerstrebenden Grischa an den Schultern und half ihm vorsichtig den Berg hinauf. Wenn sie in einer Felsenhöhle unterschlüpften und vor dem Eingang Feuer machten, würde ihnen kein Arkabar, kein Bär und kein Wolf zu nahe kommen.

Zum Glück steckte in Grischas Hosentasche immer ein Feuerzeug. Seine Eltern schimpften oft darüber. An diesem Tag hätten sie nicht geschimpft. Rasch trug Tanja Reisig zusammen, und gleich darauf versperrte ein großes Feuer den Eingang zur Höhle. So erschien den Kindern die sternenklare Nacht bald nicht mehr ganz so kalt, und die Geräusche im finsteren Wald klangen nicht mehr ganz so unheimlich.
»Weißt du was?« sagte Grischa da auf einmal mitten in der Nacht zu Tanja. »Von jetzt an darfst du immer auf meinem Baum sitzen und angeln.«
»Will ich ja gar nicht«, antwortete Tanja stolz. »Angeln finde ich langweilig.«
Darüber ärgerte sich Grischa, und deshalb hätte er am liebsten gleich wieder mit Tanja gestritten. Nach all ihren Abenteuern aber waren sie beide viel zu müde zum Streiten, und so schliefen sie bald darauf ein.
Laute Rufe weckten sie.
Es war noch mitten in der Nacht.
Die Stimmen, die nach ihnen riefen, aber kannten sie: Es waren die Leute aus dem Dorf!
»Griiischa! Grischenka!« und »Tanja! Tanjuuuscha!« hallte es immer wieder laut durch den Wald.
»Hiier!« Froh darüber, daß sie endlich gefunden worden waren, sprang Tanja auf. »Hiiier!« Und dann leuchteten plötzlich überall Fackeln, und das Mädchen konnte seinen Eltern in die Arme stürzen. Und natürlich beugten sich auch Grischas Eltern gleich ganz besorgt über ihren Sohn.

Eine Trage wurde gebaut, und als die rote Morgensonne über den Bergen aufging, trugen Grischas und Tanjas Vater Grischa ins Dorf zurück.

Bald darauf war alles wieder wie zuvor. In der Schule zog Grischa Tanja an den Zöpfen, und auch auf dem Heimweg stritten die beiden miteinander. Doch wer genau hinsah, bemerkte, daß Grischa nun viel respektvoller an Tanjas Zöpfen riß. Und ging Grischa fortan angeln, ging Tanja jedesmal mit. Falls Arkabar wiederkam.